**David Lees
for LIFE**

Triumph
from Tragedy

I giorni
dell'alluvione

In occasione del quarantesimo anniversario
dell'alluvione che colpì Firenze
il 4 novembre 1966

*On the occasion of the 40th anniversary
of the flood which struck Florence
on November 4th 1966*

P **Edizioni
Polistampa**

David Lees for LIFE

Triumph from Tragedy

I giorni dell'alluvione

Sotto l'Alto Patronato
della Presidenza della Repubblica Italiana

Sala d'Arme di Palazzo Vecchio, Firenze
4 novembre 2006 – 7 gennaio 2007

Mostra promossa da

Comune di Firenze

A cura di
Russell Burrows

LIFE

Barbara Baker Burrows

Joyce Acciaioli Rudge

Con la collaborazione di
FONDAZIONE PALAZZO STROZZI
coordinamento organizzativo
Rosaria Fabrizio
Alessandra Lotti Margotti

Associazione Toscana-USA
Tuscan-American Association

THE TUSCAN AMERICAN ASSOCIATION
coordinamento Lynn Wiechmann

Allestimento

OpenUp Consulting

Progetto allestimento
Antonio Sullo

Realizzazione allestimento
Fiorenzo Lombardi

Progetto grafico della mostra
Rovai & Weber design

Main sponsor

FONDAZIONE
MONTE DEI PASCHI
DI SIENA

toscana
Eni energia
clienti

Con il contributo di

PHILADELPHiA
CONVENTION & VISITORS BUREAU
www.PhiladelphiaUSA.travel

VIVAHOTELS
ART IN OUR HEART

Si ringrazia Lorenzo Lees per il prodigo aiuto con l'archivio del padre, Vieri Wiechmann e Anna Maria Petrioli Tofani (già direttore degli Uffizi) per l'inestimabile collaborazione nella identificazione dei luoghi e delle opere fotografate e ancora Christina Lieberman, Kathi Doak, Brian Fellows e Arnold Horton per la preziosa assistenza

Special thanks to Lorenzo Lees for his generous assistance with his father's archive, to Vieri Wiechmann and Anna Maria Petrioli Tofani (former Uffizi Director) for their helpful collaboration in identifying the places and the works of art in the photographs and also to Christina Lieberman, Kathi Doak, Brian Fellows and Arnold Horton for their valuable assistance

Traduzione English Workshop

© 2006 Edizioni Polistampa
Via Livorno, 8/31 – 50142 Firenze
Tel. 055.7326.272 – Fax 055.7377.428
www.polistampa.com

ISBN 88-596-0124-X

Nella vita delle comunità ci sono date che ne segnano indelebilmente la storia. Il 4 novembre 1966 è per Firenze una di quelle. Nel tempo trascorso da allora sono cresciute due generazioni. Chi ebbe la sorte di vivere quei giorni nella sua adolescenza o nella sua prima giovinezza, oggi è una persona di età matura, eppure le immagini della città travolta dal fiume restano scolpite nella memoria. Sono immagini delle strade, delle piazze invase dall'acqua, delle auto trascinate come barche alla deriva da una piena che tutto investiva; dei capolavori conservati per secoli nei nostri musei, nelle nostre chiese, nelle antiche dimore, devastati dal fango e dalla nafta. Sono fotogrammi in bianco e nero di uomini con gli stivali e con le pale o disposti a formare catene umane davanti alla Biblioteca Nazionale, davanti agli Uffizi, alle altre pinacoteche per passarsi di mano in mano libri rari e preziosi dipinti. E ancora: file di donne e ragazzi con in mano taniche di plastica o semplici catini per rifornirsi alle autobotti di acqua potabile. Immagini di distruzione, in una città irriconoscibile, trasformata nel suo paesaggio, alterata nelle sue funzioni, nei ritmi e nelle attività essenziali.

Le fotografie di David Lees, nell'intelligente e suggestivo percorso della mostra, ci aiutano a ricordare. Quegli scatti, dietro ai quali traspare la sensibilità dell'artista, ancora sorprendono e suscitano emozioni che pensavamo ormai risolte, offrendoci, nella desolante descrizione del disastro anche il volto di una città che seppe organizzarsi per restituire a Firenze la sua originaria bellezza. Di quella rinascita dobbiamo ancora oggi essere riconoscenti a tutti i fiorentini che reagirono alla sciagura con coraggio e grande forza di volontà e a quanti, da regioni e paesi lontani, vollero offrire la loro solidarietà, il loro entusiasmo, le loro fresche energie in una gara di straordinaria e indimenticabile generosità.

Leonardo Domenici
Sindaco di Firenze

In a community's life, there are dates that indelibly mark its history. For Florence, November 4th 1966 is one of those dates. Since then, two generations have grown up. Whoever had the chance to live his adolescence or his early youth in those days, is a mature adult today. Yet the images of the city swept by the river remain engraved in their memory. They are: images of flooded streets and squares, of cars drifted away like boats by a flood that hit everything; images of masterpieces kept for centuries in our museums, in our churches, in our ancient residences, devastated by mud and fuel oil. They are black and white photographs of men in boots with shovels or ready to form human chains in front the National Library, the Uffizi, as well as the other picture galleries in order to pass rare books and precious paintings from hand to hand. And also: women and children standing in a queue and holding either plastic cans or simply basins to get drinking water from tank trucks. Images of destruction, in a city altered beyond recognition as to its landscape, life, rhythms and essential activities.

David Lees' photographs, along the intelligent and striking tour of the exhibition, help us to remember. These photographs, which also reveal the artist's sensibility, still amaze and stir up emotions supposed to have been overcome by now. Hence they offer us, in the distressing reportage of the disaster, also the Florentines' reaction who managed to pull themselves together in order to return Florence to its original beauty. We owe this re-birth, to all the Florentines who reacted to the disaster with courage and great determination, as well as to all those, from faraway regions and countries, who eagerly offered their solidarity, their enthusiasm, their fresh energy in a competition of extraordinary and unforgettable generosity. Therefore, still today, to all of them goes our deepest and most sincere gratitude.

Leonardo Domenici
Mayor of Florence

Ai cittadini di Firenze:

In qualità di Sindaco della vostra città gemellata americana, posso solo vagamente immaginarmi cosa sia stato per voi il novembre del 1966. So che gli abitanti di Filadelfia prestarono subito aiuto, mandando vestiti e fondi ai cittadini della città gemellata di Firenze.

Nel 2001 ci siete stati vicini e ci avete sostenuto con la vostra amicizia dopo la tragedia dell'11 settembre. La solidarietà che avete dimostrato e il magnifico festival Splendor of Florence che abbiamo celebrato insieme sono stati una vera riprova della saldezza del legame tra le nostre due città.

Filadelfia è onorata di poter contribuire alla mostra fotografica "David Lees for Life", che si terrà per commemorare il 40° anniversario dell'alluvione. In occasione di questo importante anniversario mando a tutti voi Fiorentini, da parte mia e dei cittadini di Filadelfia, i nostri più calorosi auguri.

Cordiali saluti,
John F. Street
Sindaco di Filadelfia

To the Citizens of Florence:

As the Mayor of your American Sister City, I can only begin to imagine what November 1966 was like for you. I know that Philadelphians quickly reached out to help, sending clothing and funds to their Sister City family in Florence.

In 2001 you stood by Philadelphia and supported us with your friendship after America's September 11th tragedy. The solidarity you demonstrated and the magnificent Splendor of Florence festival we celebrated together were true testaments to the bonds of our Sister City relationship.

Philadelphia is honored to contribute to "David Lees for Life" exhibit during your fortieth commemorative. On behalf of the Citizens of Philadelphia I send all Florentines the warmest wishes from your Philadelphia family as you mark this important anniversary.

With kind regards, I am,
John F. Street
Mayor of Philadelphia

Non dimenticherò mai il mio viaggio a Firenze quarant'anni fa quando il fiume Arno debordò e sommerse la città di Firenze.

Per quanto le condizioni fossero tragiche e devastanti, fui colpito nel vedere così tante persone, specialmente giovani, da tutta l'Italia e da tutte le parti del mondo, unirsi per salvare gli inestimabili e insostituibili tesori culturali di Firenze.

Oltre alla forte luce dei lampioni a gas, erano la speranza e l'impegno che illuminavano i volti degli Angeli del Fango, anche mentre erano in mezzo a quella desolante devastazione.

Il salvataggio e il restauro iniziarono immediatamente. Fu uno sforzo straordinario che illuminò il mondo e rimane oggi un nobile esempio di trionfo sulle peggiori avversità.

Edward M. Kennedy
Senatore degli Stati Uniti per il Massachusetts

I will never forget my trip to Florence forty years ago after the Arno River flooded its banks and overwhelmed the city of Florence. As tragic and devastating as the conditions were, I was impressed to see so many people, especially young people, from across Italy and around the world, who came together to save the priceless and irreplaceable cultural treasures of Florence.

Along with the pungent gas lamps, it was hope and commitment that illuminated the faces of the Mud Angels, even as they stood amidst the overwhelming muddy destruction.

The rescue and restoration began immediately. It was an extraordinary effort that inspired the world and remains today a noble example of triumph in the face of daunting adversity.

Edward M. Kennedy
United States Senator for Massachusetts

L'interesse principale della mostra *Splendor of Florence* negli Stati Uniti è sempre stato focalizzato sugli incomparabili capolavori artistici e culturali per i quali è famosa la città di Firenze. Tuttavia, quando *Splendor of Florence* fu invitata a New York come parte dello sforzo della città di far rinascere Lower Manhattan dopo l'11 settembre, ebbi la sensazione che fosse importante anche includere una mostra che dimostrasse la solidarietà dei fiorentini, dovuta in parte anche all'aver sperimentato in prima persona una tragedia. La distruzione e l'impatto emotivo causati dall'alluvione del 1966 è stata documentata da molti, ma il defunto fotografo David Lees ha colto non solo la devastazione ma anche lo spirito della gente che lavorava insieme per portare in salvo e restaurare le preziose opere d'arte della città.

Le sue foto per la rivista LIFE divennero la finestra attraverso la quale il resto del mondo visse l'alluvione di Firenze.

David Lees for Life: Triumph from Tragedy aprì il 30 settembre 2004 al World Financial Center come parte della mostra *Splendor of Florence* e il messaggio era chiaro: dopo eventi catastrofici come l'alluvione del 1966 e gli attentati dell'11 settembre, la gente si unisce spontaneamente per offrire sostegno e far sì che la vita continui.

 Joyce Acciaioli Rudge
Fondatrice/Curatrice
Splendor of Florence

The focus of Splendor of Florence in the USA has always been on the unparalleled artistic and cultural achievements for which the city of Florence is famous. However, when Splendor of Florence was invited to New York City as part of the city-wide effort to revitalize Lower Manhattan after September 11th, I felt that it was also important to include an exhibit which demonstrated the solidarity of the Florentines, partly because of their own experience with a tragedy. The destruction and emotional impact caused by the flood of 1966 was documented by many, but the late photographer David Lees captured not only the devastation but also the spirit of the people as they worked together to salvage and restore the precious artworks of the city.

His photographs for LIFE Magazine became the window through which the world outside Florence experienced the flood.

David Lees for Life: Triumph from Tragedy opened at the World Financial Center as part of Splendor of Florence on September 30, 2004 – and the message was clear: after catastrophic events such as the flood of 1966 and the attack on September 11th, people instinctively bond together to offer support and to ensure that life goes on.

 Joyce Acciaioli Rudge
Founder/Curator
Splendor of Florence

È da tanto tempo che la fotografia è stata accolta a pieno titolo nell'ambito dell'arte, mentre una parte del giornalismo fotografico soltanto recentemente.

David Lees creava abitualmente arte con la sua macchina fotografica. Il lavoro che cominciò ai primi di novembre del 1966 era fotogiornalismo, il soggetto grande arte. Non si trattava di un incarico che chiunque avrebbe accettato – ma altrimenti la tragedia circostante correva il rischio, in qualche modo, di essere dimenticata. Tuttavia l'alluvione e la devastazione di Firenze erano terribilmente reali, e David documentò la distruzione e il restauro delle tante cose che lui conosceva e amava. Firenze era la sua casa.

Nella sua lunga carriera, David ha contribuito in modo sostanziale alla rivista LIFE, spesso su scala epica. Lui fotografava arte e moda, papi (5) e palazzi, e aveva un portfolio da giramondo che abbracciava sia le vite delle persone famose che i semplici dettagli della vita quotidiana. E riusciva ad infondere una particolare sensibilità ad ogni fotografia.

David è morto nel 2004. Si era ritirato alcuni anni prima – per quanto sia possibile ad un artista – nella sua casa in collina da cui si gode una magnifica vista di Firenze. Lui non si sentiva a suo agio nel mondo manipolato della fotografia digitale: "Perché la gente non può camminare per strada e fotografare ciò che è interessante? Questo è quello che io ho fatto e mi ha sempre dato soddisfazione."

***

Causata dalle piogge che avevano imperversato su gran parte dell'Europa meridionale, nella notte fra il 4 e il 5 novembre 1966 l'alluvione travolse Firenze. Rompendo gli argini dell'Arno in piena, e irrompendo nella città a 40 miglia orarie, l'acqua provocò molte vittime, lasciò migliaia di senzatetto e più di mezzo milione di tonnellate di detriti, impregnati d'acqua e ricoperti da uno spesso strato nero di nafta appiccicosa fuoriuscita dai serbatoi rotti di carburante.

L'alluvione lasciò dietro di sé anche la devastazione del patrimonio di Firenze: opere d'ar-

*P*hotography long ago crossed the threshold to acceptance as art, some photojournalism only much more recently.

David Lees could routinely create art with his camera. The work he began in early November 1966 was photojournalism, its subject great art. It was not an assignment anyone would choose – that is if, by not taking it, the underlying tragedy could somehow be undone. But the floods and the devastation of Florence were terribly real, and David documented the destruction, and the restoration, of so much he knew and loved. Florence was his home.

In a long career, David contributed handsomely to LIFE magazine, often on an epic scale. He photographed art and fashion, Popes (5) and palaces, and a globetrotting portfolio that embraced the lives of the famous and the simple detail of everyday life. And he brought a sensitivity to every photograph.

David died in 2004. He had retired a few years earlier – to the extent that any artist can retire – to his hillside home with its magnificent view of Florence. He had not been at ease in a digitally manipulated world: "Why can't people walk down the street with a camera and shoot what is interesting? That's what I did, and it always satisfied me."

***

Brought on by rains that had soaked much of southern Europe, on the night of 4-5 November 1966 floodwaters ravaged Florence. Bursting over the banks of the swollen Arno, and crashing through the city at 40 miles per hour, the water left many dead, thousands homeless, and over half a million tons of debris, water-logged and coated in a thick black muck of sticky oil spilled from ruptured fuel tanks.

Also left behind was the devastated patrimony of Florence: artworks damaged beyond repair, frescoes and paintings, their surfaces peeling, broken historic scientific and musical instruments, rusting armor, molding state records going back centuries, and two million sodden books, so heavy the floors beneath them collapsed. And in Santa Croce – final resting

te irreparabilmente danneggiate, superfici di affreschi e dipinti che si staccavano, strumenti storici musicali e scientifici rovinati, armature arrugginite, documenti secolari ammuffiti e due milioni di libri inzuppati d'acqua, così pesanti che i solai crollavano sotto il loro peso. E in Santa Croce – dove riposano le spoglie di Michelangelo, Machiavelli e Galileo – si trovava il Crocifisso distrutto di Cimabue che sarebbe diventato uno dei simboli del disastro.

Il sentimento del valore universale di questo patrimonio artistico fu condiviso ben al di là di Firenze e dell'Italia. Il recupero, che cominciò immediatamente, attirò gli *Angeli del fango* da tutto il mondo. Lavorando nell'acqua sporca e al freddo, alcuni indossando mascherine per il puzzo e con il pericolo dovuto a materiali putrescenti, formarono catene o faticarono in ogni modo possibile ed immaginabile per salvare tutto ciò che poteva essere rimosso.

Il restauro che seguì e che al pari attirò volontari provenienti da molti paesi, avrebbe verificato i limiti dei metodi conosciuti. I metalli dovevano essere lavati in acqua pulita, i dipinti e le tavole mantenuti umidi e controllati sotto questo aspetto per mesi o anni, e i libri e i documenti asciugati il prima possibile. Poi poteva iniziare il delicato lavoro, per una parte del quale fu inizialmente prevista un'attesa di 20 anni. In realtà molti pezzi sono tuttora da restaurare. Ad esempio il restauro dell'*Ultima Cena* di Giorgio Vasari è iniziato soltanto nel 2004 al laboratorio di restauro dell'Opificio di Firenze poco prima che questa mostra fosse inaugurata a New York.

L'installazione nella Sala d'Arme dei lavori di David Lees si basa principalmente sul contenuto delle scene che lui fotografò – non tanto sulla devastazione circostante, quanto sulla dedizione dei volontari che lavorarono duramente nel fango o stesero ad asciugare antichi documenti come avrebbero fatto con i panni, e sulla dedizione dei professionisti in camice bianco. Il loro è un trionfo forgiato sulla tragedia.

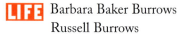 Barbara Baker Burrows
Russell Burrows

place of Michelangelo, Machiavelli and Galileo – hung Cimabue's destroyed Crucifix. It would become one of the symbols of the disaster.

Claim to this great endowment of art was shared far beyond Florence, or even Italy. The recovery, which began immediately, brought Mud Angels from around the world. Working in foul water and the cold, some with masks against the stench and the danger of rotting materials, they formed chains or labored in every imaginable way to rescue whatever could be moved.

The restoration, which followed, and also brought volunteers from many countries, would test the limits of known methods. Metals had to be washed in fresh water, paintings and panels kept wet and climatically controlled for months or years, and books and papers dried as quickly as possible. Then the delicate work could begin, some initially scheduled to take 20 years. In reality, many pieces remain in need of attention; the restoration of Giorgio Vasari's Last Supper began at Florence's Opificio Institute in 2004 just before this exhibit first opened in New York.

The Sala d'Arme installation of David Lees' work draws heavily on the content of the scenes he photographed – not so much the devastation just steps away, but the dedication of volunteers who laboured in the mud or hung ancient documents as they would laundry, and of the lab-coated professionals. Theirs is a triumph wrought from tragedy.

LIFE Barbara Baker Burrows
Russell Burrows

Chi si trovava a Firenze nei giorni dell'alluvione conserva ricordi molto nitidi di quei momenti. Quel sabato, ad esempio, dovevo andare a giocare a calcio con la squadra dell'Università, ma al risveglio, visto che pioveva forte e che il campo si sarebbe immancabilmente trasformato in una palude di fango, me ne tornai a letto. Altroché se pioveva forte. Non racconto di qui in poi la mia storia individuale se non per ricordare, come elemento rappresentativo della situazione di molti, che dedicai il primo mese dopo l'alluvione a tirar fuori i libri alluvionati del Vieusseux dai sotterranei di Palazzo Strozzi, e il secondo alla Limonaia di Boboli a misurare le variazioni dimensionali (assolutamente impressionanti) cui quotidianamente andava soggetto il legno delle tavole dipinte alluvionate concentrate lì. Anni dopo, da direttore dell'Ufficio Restauri della Soprintendenza, riconobbi le puntine da disegno collocate da me che identificavano su ciascun dipinto i punti di riferimento per la misurazione di quei movimenti. Da allora, come si dice, è passata una vita; senonché, per chi ebbe vent'anni in quell'epoca, l'espressione rischia di risultare imbarazzantemente rispondente a verità.

Oggi guardiamo le foto di David Lees con un curioso mescolo di identificazione e di distacco. Siamo pur noi, quelli laggiù; ma siamo noi per davvero? Chi eravamo allora, rispetto a ciò che siamo divenuti in seguito? Come in tutti i casi della vita, e per citare i marinai cantati da Lucio Dalla "Qualcuno è vivo, per fortuna, qualcuno è morto". Mi rendo conto che la massima parte degli abitanti della Firenze dell'oggi l'alluvione non l'hanno vissuta, a meno che mi contraddica l'eccessivo invecchiamento delle nostre società provocato dall'impossibilità dei giovani a metter su casa e procreare, perché l'economia sciagurata che gli abbiamo consegnato non lo consente. Dove siamo in grado di misurare ancor oggi l'impatto dell'alluvione è nel corpo vivo della città di Firenze, ma quasi soltanto grazie alle lapidi e scritte che stanno appese su, su, a ricordare che l'acqua arrivò fino a quell'altezza; come

Anyone who was in Florence during the days of the flood preserves very clear memories of those days. That Saturday, for example, I should have gone to play football with the University team, but when I woke up, seeing that it was raining heavily and that the field, undoubtedly, would be a quagmire of mud, I went back to bed. It was indeed raining hard. From here on, I will tell my own story only to mention the fact that I, like many other people, spent the first month after the flood pulling flood-damaged books of the Gabinetto Vieusseux from the basements of Palazzo Strozzi, and the second month at the Limonaia in the Boboli Gardens to measure the (absolutely appalling) variations in size to which the flood-damaged painted wooden panels collected there, were subject daily. Years later, as the Director of the Restoration Laboratories of the Soprintendenza, I recognized drawing pins that I had placed identifying on each painting the reference points for gauging those variations. This was ages ago; but, for whoever was twenty at that time, this expression may as well be embarrassingly close to the truth.

Today we look at David Lees' photographs with a curious mixture of identification and detachment. It is also us in them; but is it really us? Who were we then, compared to whom we have subsequently become? In life, as in Lucio Dalla's song on sailors "Qualcuno è vivo, per fortuna, qualcuno è morto", ("Luckily someone is alive, while someone else is dead"). I realize that the majority of Florence inhabitants today did not live through the flood, unless the excessive aging of our society caused by the impossibility for young people to live on their own and have children contradicts me, because the wretched economy that we have handed over to them does not permit it. It is in the living body of the city of Florence that the

anche constatando la riconosciuta sparizione delle botteghe artigiane (per chi ancora le ricorda) con le loro attività secolari. Ma siamo certi davvero che senza l'alluvione sarebbero ancora lì, e non le avrebbe comunque spazzate via la trasformazione generale della nostra società che ci ha travolto?

E l'alluvione è ancor qui, naturalmente, per quelli di noi che hanno familiarità con le biblioteche e gli archivi, che hanno a che fare con i Musei o la conservazione e tutela dei beni culturali sul territorio. L'alluvione ci punisce ancora se andiamo a verificare quanto ancora manchi che un tempo c'era, per sempre o chissà fin quando. È pur vero che in questa ricorrenza si riuscirà a restituire alla fruizione pubblica opere d'arte importanti, dopo un restauro appunto quarantennale (penso ai lavori dell'Opificio, straordinario Istituto di restauro, che un Ministero sfortunato si impegna, al momento in cui scrivo, a demolire). Continuerà però la latitanza delle infinite espressioni d'arte meno appetita distribuite nei depositi, tante delle quali, dovendo essere realisti, rimarranno irrecuperabili. Le foto di David Lees non a caso si fermavano con tanta insistenza sulle opere d'arte e le loro disastrate abitazioni, come simbolo ovvio dell'identità di Firenze agli occhi del mondo; ma più in particolare, come metafora della qualità stessa di una società civile, della sua capacità di rispondere alle esigenze della sua gente tenendo conto anche della centralità della cultura; e da questo punto di vista temo proprio che oggi siamo fuori moda. La straordinaria potenza evocativa delle foto di David Lees consiste nel non documentarci soltanto gli avvenimenti tragici di allora, ma nel costringerci a interrogarci su quel che abbiamo fatto, dopo l'alluvione, della nostra città e delle nostre vite. Non intendo certo affermare, perché sarebbe ingiusto, che il bilancio sia unicamente negativo, e resta indubbio che un progresso sotto alcuni punti di vista si è pur verificato. A un Ted Kennedy in visita, oggi come allora, potremmo mostrare una Firenze che alcune sue contraddizioni le ha razionalizzate, e sta

flood's impact is still visible today, mainly thanks to the plaques and inscriptions hung up above, placed there to record that the water reached that height; but also by remarking the obvious disappearance of the artisan workshops (for those who can still remember them) with their age-old activities. But are we really sure that without the flood they would still be there, and would they not, however, have been swept away by the general transformation of our society that has overwhelmed us?

And the flood is still here, naturally, for those of us either familiar with libraries and archives, or who have something to do with Museums or with the conservation and safeguarding of the territory's cultural assets. The flood still strikes at us if we look at how much of what once was is still missing, and will forever or who knows for how long. It is also true that on the occasion of this anniversary important works of art will be returned to the public's enjoyment, after a restoration of exactly forty years (I'm thinking of the role of the Opificio, an extraordinary restoration institute, which, currently, an unfortunate Ministry intends to dismember). On the other hand, the endless series of minor works of art will, instead, continue to be hidden in storerooms, and many of them, to be realistic, will never be restored or displayed. It is not by chance that David Lees' photos dwell on the works of arts and their devastated dwellings, as a clear symbol of Florence's identity all over the world; but especially as a metaphor of the quality itself of a society, of its ability to meet people's needs, taking into account also the central importance of culture; and under this respect I do fear that today this idea is quite old-fashioned. The extraordinary evocative power of David Lees' photographs does not only consist in their documenting the tragic events of that time but also in forcing us to ask ourselves what has become of our city and our lives after the flood. I certainly do not mean to say, because it would be unfair, that the result is only negative, and unquestionably some progress under certain respects has indeed been made. To a visiting

cercando di offrire qualche risposta. Tante altre però le soffre profondamente, e ci schiacciano. Se Lees fosse ancora qui fra noi, mi piacerebbe chiedergli una nuova campagna che ci raccontasse, come seppe fare allora. Perché comunque, ricordiamoci che uno scatto fortunato può riuscire a qualunque dilettante bene intenzionato, ma offrire un'epica per immagini è soltanto dei grandi, com'egli sicuramente era.

Giorgio Bonsanti
Professore Ordinario di Storia e Tecnica del Restauro
Università di Firenze

Ted Kennedy, we could show a Florence that has analyzed some of its contradictions, and is trying to give them an answer. However the town suffers from so many others which are overwhelming us. If Lees were still here with us, I would like to ask him for a new photo reportage that told us about our town, as he succeeded in doing then. Because, in any case, let's remember that any well-intentioned amateur can come up with a good snapshot, but only the great, as he surely was, can offer up an epic through images.

Giorgio Bonsanti
Professor of History and Techniques of Conservation
University of Florence

La fine della Seconda Guerra Mondiale fu per David Lees l'inizio di una lunga e proficua collaborazione con la rivista Life. Nel 1945 Life era la rivista americana, con 22 milioni di lettori alla settimana. I suoi servizi fotografici durante tutta la guerra l'avevano resa indispensabile per gli americani ma, anche prima che il Giappone si arrendesse, i redattori di Life avevano cominciato a prendere contatti per una nuova "campagna": fotografare a colori i famosi affreschi di Benozzo Gozzoli presenti nella piccola Cappella Medici-Riccardi a Firenze.

In quel periodo David era appena ritornato nella sua casa di Firenze dopo otto anni di servizio militare e di internamento in Svizzera. Essendo già un fotografo pubblicato, David fu raccomandato per assistere il fotografo di *Life* Fernand Bourges nel laborioso processo di riprodurre i dipinti che, per ogni scatto, richiedevano esposizioni separate con quattro diversi filtri di colore.

David dimostrò rapidamente di essere ben più di un assistente fotografo. Divenne interprete, mediatore di controversie, armonizzatore, burlone. Dopo il grande successo degli affreschi del Gozzoli che riempirono 16 pagine dell'edizione natalizia, fu chiesto a David di aiutare a fotografare gli affreschi di Piero della Francesca ad Arezzo. Nel 1950, quando assistette il famoso fotografo di *Life* Dimitri Kessel in un servizio sulla Biennale, egli era diventato esperto nella riproduzione di dipinti ed era spesso in grado di fornire le immagini che erano sempre più richieste da *Life* che stava espandendo i suoi resoconti sull' arte e gli artisti nel mondo.

Ma David era un uomo di cuore, molto attento al mondo intorno a sé. Nel 1951 *Life* si rivolse al suo speciale talento, assegnandogli di fotografare il matrimonio di una ragazza di Passiano, il cui fidanzato americano del tempo di guerra "era davvero tornato per lei". Una storia semplice, ma il resoconto di David riempì cinque pagine che riscaldavano il cuore.

The end of World War II was, for David Lees, the beginning of a long and productive association with LIFE Magazine. By 1945 LIFE was the magazine of America, with a weekly readership of 22 million. Its photographic coverage throughout the war had made it indispensable to Americans, but even before Japan had capitulated, LIFE's editors had begun arrangements for a new "campaign": photographing in colour the famed frescoes of Benozzo Gozzoli in the tiny Medici-Riccardi Chapel in Florence.

At that time, David had just returned to his home in Florence after eight years of military service and internment in Switzerland. Already a published photographer, David was recommended to assist the LIFE photographer, Fernand Bourges, in the laborious process of copying the paintings which, for every shot, required making separate exposures with four different colour filters.

David quickly proved to be more than a photography assistant. He became translator, trouble-shooter, smoother, jokester. After the great success of the Gozzoli frescoes which filled 16 pages in LIFE's Christmas issue, David was asked to help in the photographing of Piero della Francesca's frescoes in Arezzo. By 1950, when he assisted the noted LIFE photographer, Dimitri Kessel, in covering the Biennale, he had become accomplished in the process of copying paintings and would often provide the images that were increasingly in demand as LIFE expanded its worldwide coverage of art and artists.

But David was a man of heart, deeply responsive to the world around him. By 1951, LIFE tapped into his special talents, assigning him to cover the wedding of a girl in Passiano whose wartime American boyfriend "really came back for her". A simple story, but David's coverage ran for five heart-warming pages.

From then on, for the next two decades, David was kept busy covering Italian fashions,

Da allora, per i successivi due decenni, David è stato impegnato a fotografare la moda italiana, le feste, le elezioni, l'archeologia, i disastri, le celebrità, le novità e le cose senza tempo. I suoi incarichi erano talvolta pericolosi, in particolare quando accompagnò un temerario aviatore americano che tentò di far atterrare il suo idrovolante, carico della propria famiglia, sul Mar Rosso. Furono abbattuti dalle forze dell'Arabia Saudita ma fortunatamente evitarono ferite gravi.

David fu il fotografo scelto quando si rese necessario avere accesso ad alcuni famosi – ma spesso sfuggenti personaggi – residenti in Italia. Affascinò studiosi (Bernard Berenson), poeti (Ezra Pound), artisti (Manzù) e divenne una presenza familiare per una serie di papi: Pio XII, Giovanni XXIII, Paolo VI e Giovanni Paolo II. Ogni volta che Paolo VI lo incontrava lo salutava in inglese, chiamandolo "l'inglese fiorentino".

Ma David era più fiorentino che inglese come dimostrato in modo toccante dalla sua cronaca dell'alluvione del 1966 che devastò la città. Sebbene malato, corse da Pisa su un elicottero militare per registrare l'incredibile dramma che, lui disse, "poteva essere raccontato solo da Dante". Le sue memorabili foto furono pubblicate in due storie principali su *Life* e successivamente circolarono nel mondo grazie alla CRIA, il comitato internazionale per la salvezza dell'arte italiana, come prova ineccepibile della necessità di fondi per l'enorme lavoro di restauro. Questo fu particolarmente significativo e gratificante per David che più tardi scrisse: "Firenze è la mia città, e sotto la melma di quell'alluvione c'è un grande pezzo del mio cuore".

Fortunatamente il lavoro di David non si è limitato all'Italia. Per l'imponente numero di *Life* sulla Bibbia nel dicembre 1964, David ripercorse le favoleggiate orme di Abramo e Mosè. Attraversò le vaste e aride distese dell'antica Mesopotamia vicino ad Haran (oggi in Turchia) dove Abramo si era stabilito con sua moglie Sara. A David sembrò "la fine del

parties, elections, archaeology, disasters, celebrities, the latest news and the timeless. His assignments were sometimes risky, notably when he accompanied a dare-devil American flyer who tried to land his sea-plane, loaded with his family, on the Red Sea. They were gunned down by Saudi Arabian forces but luckily escaped serious injury.

David was the photographer of choice when it came to gaining access to notable – and often elusive – residents of Italy. He charmed scholars (Bernard Berenson), poets (Ezra Pound), artists (Manzù), and he became a familiar presence to a succession of popes: Pius XII, John XXIII, Paul VI, John Paul II. Whenever Paul VI encountered him, the pope would hail him in English, labelling him "the Florentine Englishman."

But David was more Florentine than English as was movingly demonstrated in his coverage of the flood that devastated the city in 1966. Though suffering from an illness, he rushed from Pisa in a military helicopter to record the overwhelming "drama" which, he felt, "could only be told by Dante". His memorable photographs were published in two major stories in LIFE and subsequently were circulated around the world by CRIA, the international committee for the salvation of Italian art, as stunning evidence of the need for funds for the vast job of restoration. This was especially meaningful and gratifying to David who later wrote: "Florence is my city, and under the mud of that flood there is a large piece of my heart."

Fortunately, David's work was not limited to Italy. For LIFE's massive issue on the Bible, December 1964, David retraced the fabled steps of Abraham and Moses. He travelled to the vast and barren stretches of ancient Mesopotamia near Haran (now in Turkey) where Abraham had dwelled with his wife Sarah. To David it seemed like "the end of the world. There was nothing – and there was everything". He caught this dichotomy in a

mondo. Non c'era nulla, eppure c'era tutto". Colse questa dicotomia in un paesaggio indi-
stintamente luminoso dove figure fugaci erano impegnate nelle loro millenarie occupazio-
ni alla luce dell'alba o del tramonto. Poi, per il culminante incontro fra Mosè e Dio, David
scalò il Sinai e passò molte notti aspettando, inginocchiato dietro a un pietra, di catturare
i primi raggi del sole mentre esplodevano da un picco come una voce potente dal cielo.

In aggiunta al suo lavoro per *Life* David ha ricevuto molti incarichi da *Life en Espanol*,
Life International e Time-Life Books. Le sue foto dell'Iran e della Grecia sono tra le sue
più monumentali. Ma il progetto in cui si impegnò autonomamente – la Spagna e la poe-
sia di Garcia Lorca – ha prodotto tra i suoi migliori e più inventivi lavori. Queste immagini che catturano quella terra di "violenti contrasti", di feroci passioni e di dolcezza disar-
mante, erano magistralmente in accordo con le vibranti parole del grande poeta rivoluzio-
nario. Questo saggio fotografico fu pubblicato sia nell'edizione spagnola che in quella
internazionale di *Life* e successivamente in pubblicazioni in tutta Europa.

Nel 1972, quando la straordinaria pubblicazione *Life* giunse alla fine, a causa dei lucci-
chii degli schermi televisivi, il lavoro di David era apparso in più di 100 numeri delle edizioni nazionali e internazionali della rivista. Era un premiato membro del *team* fotografico. E, in particolare, era amato per il suo spirito impegnato, *simpatico*, appassionato e gentile. Sua madre, Dorothy Nevile Lees, lo ha descritto bene in una deliziosa saga poetica che
scrisse riguardo al servizio sugli affreschi di Benozzo Gozzoli nel 1945:

"E poi c'è David, c'è un ragazzo...
conosce la gente, conosce la città;
risolve le cose, non le lascia a metà…
gli piace lavorare e gli piace divertirsi,

*dimly glowing landscape where shadowy figures engaged in their age-old tasks by the light
of dawn or the setting sun. Then for the climactic encounter of Moses with God, David
trekked to the Sinai mountains and spent several nights waiting, kneeling behind a rock
to catch the first rays of the sun as they burst from a peak like a mighty voice from the
heavens.*

*In addition to his work for LIFE, David received many assignments from LIFE en
Español, LIFE International, and Time-Life Books. His photographs of Iran and Greece
are among his most monumental. But the project he undertook on his own – Spain and
the poetry of Garcia Lorca – produced some of his finest and most imaginative works.
These images, capturing that land of "violent contrasts", of fierce passions and disarming
sweetness, were masterfully attuned to the vibrant words of the great revolutionary poet.
This photo-essay was published in both the Spanish and international editions of LIFE
and subsequently in publications all over Europe.*

*By 1972 when the mighty publication LIFE came to an end as a weekly, done in by
the flashing screens of television, David's work had appeared in more than 100 issues of
the national and international editions of the magazine. He was a prized member of the
photographic team. And, especially, he was beloved for his engaging, simpatico, passion-
ate and gentle spirit. His mother, Dorothy Nevile Lees, described him well in the delight-
ful poetic saga she wrote about the filming of the Benozzo Gozzoli frescoes in 1945:*

*"Then there's David; there's a boy....
Knows the people, knows the town;
Gets things done and smooths things down....*

trova sempre una soluzione.
Serio, allegro, pieno di ilarità;
inizia le cose e non le lascia a metà.
Gran cuore e gran cervello;
sempre voglioso di riuscire.
Nato artista e cresciuto da artista
usa sia le mani che la testa."

Che splendido ambasciatore per *Life* nel mondo!

Dorothy Seiberling
Former Senior Editor e Art Editor di LIFE Magazine

David Lees al lavoro / *David Lees at work*

Keen to work and glad to play,
Always knows and finds a way.
Serious, merry, full of fun;
Gets things going, gets them done.
Lots of heart and lots of brain;
Always eager to attain.
Artist born and artist bred,
Uses both his hands and head."

What a wonderful ambassador for LIFE to the world!

Dorothy Seiberling
Former Senior Editor and Art Editor of LIFE Magazine

La mostra *David Lees for Life: Triumph from Tragedy* al World Financial Center è stata uno dei momenti salienti del Festival del 2004 Splendor of Florence a New York. Per tutti noi che a Lower Manhattan abbiamo assistito in prima persona agli orrori dell'11 settembre, l'osservare immagini di distruzione di cui un'altra città era stata vittima quaranta anni prima, è stata un'esperienza molto commovente. La sezione *Devastazione* della mostra era avvincente, ma noi Newyorchesi abbiamo trovato un conforto particolare nella sezione *Recupero*, poiché ci ha fatto pensare alle molte storie di altruismo ed eroismo che hanno avuto luogo qui da noi. La sezione *Restauro* era particolarmente illuminante poiché ci infondeva la speranza che Lower Manhattan sarebbe di nuovo diventata il fiorente centro culturale e di affari che era prima dell'11 settembre.

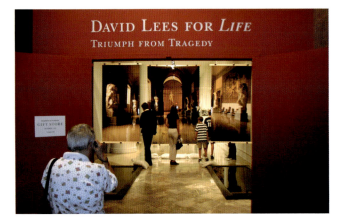

Debra Simon
Direttore Esecutivo
Arts & Events Program

arts> World Financial Center

The David Lees for Life: Triumph from Tragedy *exhibit at the World Financial Center was one of the highlights of the Splendor of Florence Festival in New York in 2004. For all of us in Lower Manhattan who witnessed the horrors of September 11th first hand, it was a very moving experience to gaze upon the images of destruction caused to another city forty years ago. The Devastation section of the exhibit was compelling, but we New Yorkers found a special comfort in the Recovery, as we were reminded of the many stories of diligence and heroism that took place in our own back yard. The Restoration segment was especially inspiring as it gave us hope that Lower Manhattan would once again become the thriving business and cultural center that it was before September 11th.*

Debra Simon
Executive Director
Arts & Events Program

arts> World Financial Center

Un evento drammatico nella storia di Firenze, ma in occasione del quale la città intera seppe mostrare tutta la sua coesione e la sua capacità di reagire, restituendo in breve tempo al mondo la sua immagine integra, non intaccata dalle acque che la invasero in quel tragico 1966.

Immagini tragiche ci tramandano le cronache dell'epoca e che il fotografo David Lees di Life Magazine ha documentato immortalando i danni provocati dall'alluvione e i protagonisti del ritorno alla normalità che si rimboccarono le maniche senza niente chiedere, lavorando per giorni e giorni immersi nel fango.

Una mostra del ricordo, ma anche del riconoscimento a quanti si impegnarono per restituire a Firenze il suo volto. Per questo la Fondazione Monte dei Paschi di Siena, nel quarantesimo anniversario dell'alluvione, ha voluto dare il suo contributo all'evento "David Lees for Life. Triumph from Tragedy. I giorni dell'alluvione" perché la suggestione di quegli scatti sia testimonianza di un momento che non sarà mai dimenticato nella storia della città.

Gabriello Mancini
Presidente

Definitely a dramatic event in Florence's history, but one which enabled the entire city to demonstrate its cohesion and capacity to respond readily – in a very short time Florence was able to restore its image and appear again before the world, unimpaired by the flood which hit it in that tragic year of 1966.

Life Magazine's photographer David Lees documented those days with striking pictures – pictures that have immortalized the damage caused by the flood, and the determination of those who, without a complaint, worked day after day plunged into the mud to restore normalcy. Therefore, an exhibition of memories, but also an event intended as a recognition to all those who devoted themselves to giving Florence back its image. For this reason the Fondazione Monte dei Paschi di Siena, *on the occasion of the flood's 40th anniversary, wants to contribute to the exhibition "David Lees for Life. Triumph from Tragedy. I giorni dell'alluvione" – so that the evocative power of these pictures may serve as a testimony of a moment in the history of our city that will never be forgotten.*

Gabriello Mancini
President

Il sostegno di Toscana Energia Clienti alla mostra "David Lees for Life. Triumph from Tragedy. I giorni dell'alluvione", con gli splendidi scatti di David Lees, si inserisce nel solco di una tradizione che vede da sempre le società del gruppo Eni impegnate in iniziative di particolare valore culturale.

Questo intervento testimonia infatti la nostra attenzione alla valorizzazione del rapporto tra impresa e cultura, ritenendo che in un'azienda non tutto si debba ricondurre ai soli processi produttivi e ai rapporti di mercato.

L'alluvione di Firenze fu un evento così tragico per la città da toccare il cuore di tutti, italiani e stranieri; Firenze, per la sua specificità, è infatti uno di quei "centri del mondo" in cui gli eventi assumono sempre un valore universale, come amava ricordare Giovanni Papini.

Partecipare a questa iniziativa ci è quindi parso un atto dovuto, per testimoniare un rapporto da sempre vivo con la città, in una operazione volta al recupero della memoria storica in un'epoca come l'attuale, dove sempre più spesso e velocemente si tende a "dimenticare".

Luciano Buscaglione
Amministratore Delegato

Toscana Energia Clienti's support of the exhibition "David Lees for Life. Triumph from Tragedy. I giorni dell'alluvione", with David Lees' splendid shots, follows in the footsteps of those especially valuable cultural initiatives in which the companies belonging to the Eni group have always been involved.

This participation, in fact, bears witness to the attention given to promoting the relationship between the business world and culture, reckoning that not everything a company does should be aimed only at production processes and profit expectations.

The flood in Florence was such a tragic event for the city that it touched the hearts of everyone, Italians and foreigners alike; Florence, because of its uniqueness, is in fact one of the "centers of the world" where events always assume a universal value, as Giovanni Papini used to remark.

Therefore, we felt that our participation in this initiative was a dutiful act testifying to our everlasting relationship with the city, through an exhibition directed at the recovery of the historic memory in a period like the current one, where we tend to "forget" ever more quickly and ever more frequently.

Luciano Buscaglione
Managing Director

devastazione

devastation

recupero

recovery

restauro

restoration

devastazione

devastation

1. Madonna nella Chiesa
di Santa Croce

*Madonna in the Church
of Santa Croce*

2. Il David nella Galleria
   dell'Accademia

   The David in the
   Accademia Gallery

3. Piazza Santa Croce

Santa Croce Square

4. Via de' Benci

Via de' Benci

5. Lungarno Acciaioli

Lungarno Acciaioli

David Lees for Life

recupero
recovery

Piazza della
Signoria da
Palazzo Vecchio

*Signoria Square
from Palazzo
Vecchio*

7. Sommozzatori sulla riva
   sinistra dell'Arno

   *Scuba divers on the
   left bank of the Arno river*

9. Ritorno dal lavoro (S. Niccolò)

Back from work (S. Niccolò quarter)

8. Via dei Leoni dietro Palazzo Vecchio

Via dei Leoni at the back of Palazzo Vecchio

10. Nei sotterranei della Biblioteca Nazionale

In the basement of the National Library

11. Transito di sculture medievali

Medieval sculptures in transit

13. Il Sindaco Piero Bargellini alla Porta del Paradiso del Ghiberti

The Mayor Piero Bargellini at Ghiberti's Paradise Door

12. Il ritorno al sole

Back to the sun

14. Al Bargello, lavando le corazze

At the Bargello Palace, washing the armour

15. Cimieri

Crests

16. Chiostro verde
    Santa Maria
    Novella

*The Green Cloister
in Santa Maria
Novella Church*

17. Il trittico del '300
    di Mariotto di Nardo
    all'Oratorio di Fonte
    Lucente, Fiesole

    The 14th Century triptych
    by Mariotto di Nardo
    at the Oratory Fonte
    Lucente, Fiesole

18. Caricando davanti
   a Santa Maria Novella

*Loading in front of Santa
Maria Novella Church*

19. Ingresso della Biblioteca Nazionale

Entrance of the National Library

20. Recupero dal sottosuolo – Archivio di Stato

Recovery from the basement – State Archives

22. Nel loggiato della Galleria degli Uffizi

In the arcade of the Uffizi Gallery

21. Chiostro di Santa Croce

Cloister of Santa Croce

23. Ad asciugare nel chiostro
(Santa Croce)

*Drying in the cloister
(Santa Croce)*

24. Un asciugatoio

A dryer

25. Lavaggio di
documenti alluvionati

*Washing of flooded
documents*

26. Recupero volumi antichi –
laboratorio alla Fortezza

*Recovery of ancient
volumes – laboratory at the
Fortezza (fortress)*

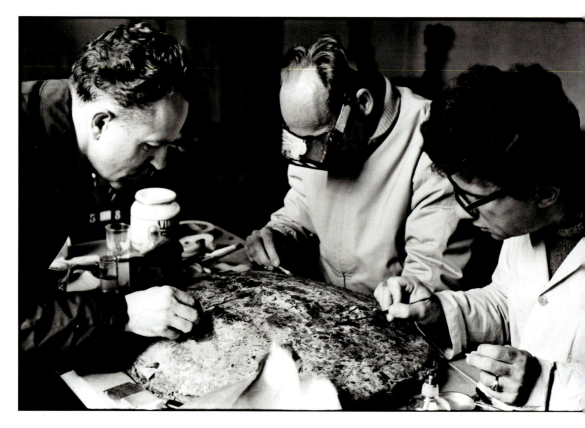

27. Restauratori al lavoro

Restorers at work

28. Il Bacco di Michelangelo – Bargello

Michelangelo's Bacchus – Bargello

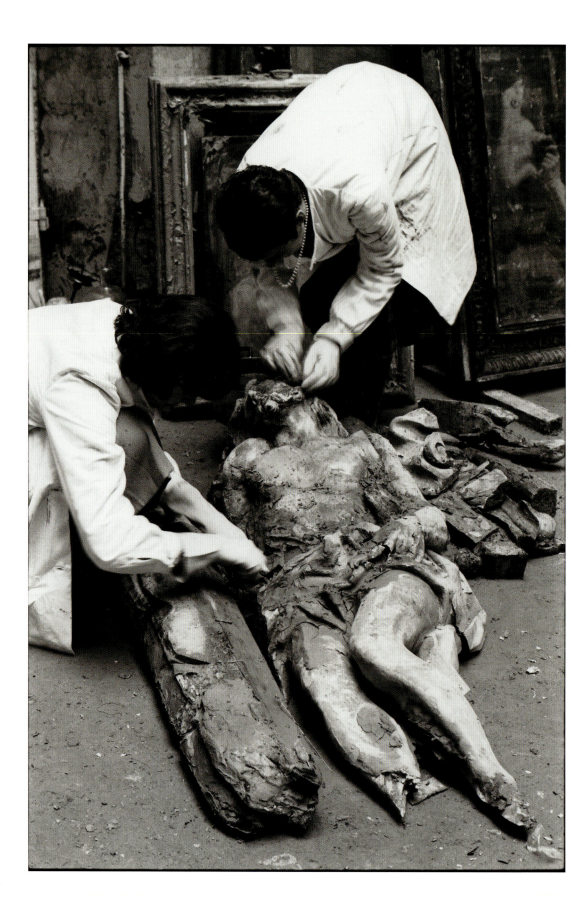

30. Il frack

Tailcoat

29. Il tocco gentile del restauratore

The gentle touch of the restorer

31. Ferro da stiro

Iron

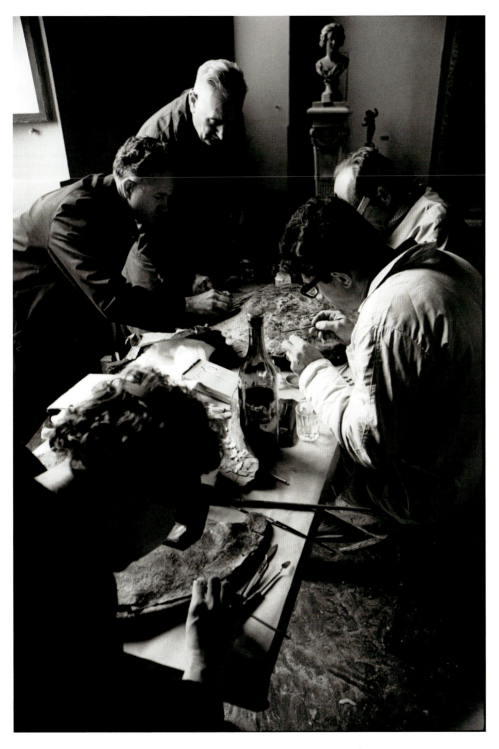

32. Mani di maestri

Masters' hands

33. Edo Masini – maestro restauratore

Edo Masini – master restorer

34. Il prof. Leonetto Tintori durante la pulitura della Trinità di Masaccio
a Santa Maria Novella

*Professor Leonetto Tintori cleaning Masaccio's Trinity
in Santa Maria Novella Church*

35. Laboratorio alla Limonaia
dei Giardini di Boboli

*Laboratory at the Limonaia
in the Boboli Gardens*

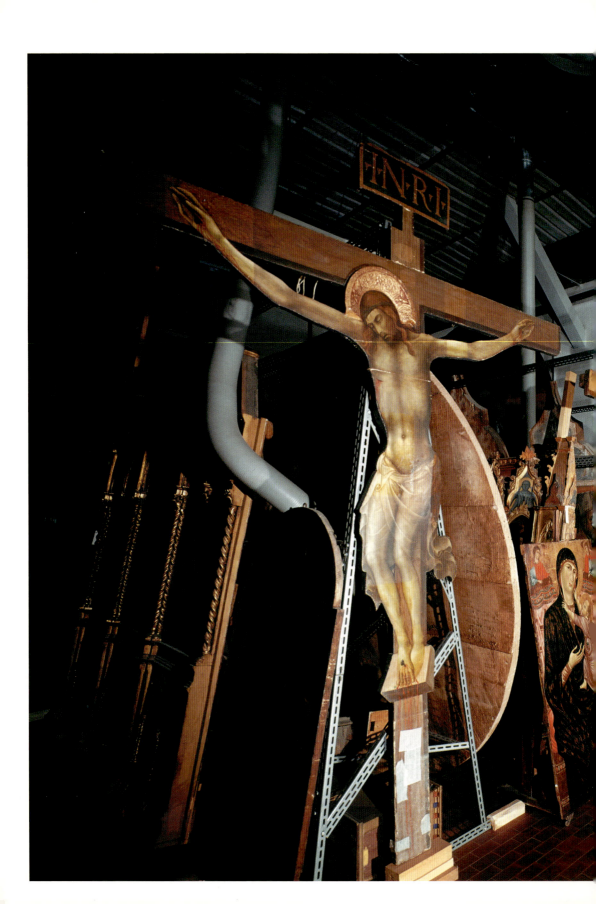

36. I Crocifissi alla Limonaia
ai Giardini di Boboli

*Crucifixes at the Limonaia
in the Boboli Gardens*

37. Ispezione di liuto antico

Examination of an antique lute

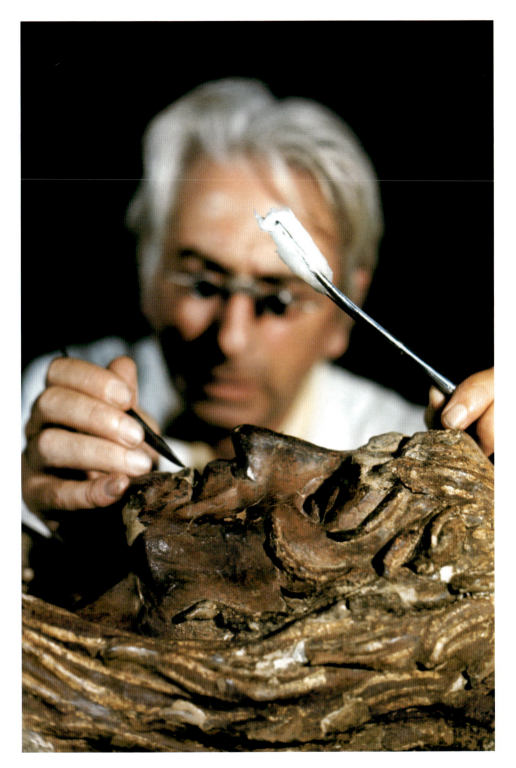

38. La Maddalena di Donatello

Donatello's Magdalene

40. Pulitura di un affresco

Cleaning of a fresco

39. Il crocifisso del Cimabue

Crucifix by Cimabue

41. Restauratore al lavoro

Restorer at work

42. Madonna con bambino nella stalla

Madonna with child in the stable

43. Cenacolo di Taddeo
    Gaddi in Santa
    Croce

Taddeo Gaddi's
Last Supper in
Santa Croce Church

INDICE DELLE ILLUSTRAZIONI / *INDEX OF PHOTOGRAPHS*

RESTAURO / *RESTORATION*

Si fa presente che non è stato possibile identificare tutti i luoghi e le opere fotografate,
pertanto non si esclude che possano esserci degli errori nelle identificazioni

*We point out that it was not possible to identify all the places and the art works in the photographs,
therefore there might be some mistakes in their identification)*

FINITO DI STAMPARE IN FIRENZE
PRESSO LA TIPOGRAFIA EDITRICE POLISTAMPA
NEL MESE DI OTTOBRE 2006